Reiseführer Prag

Der perfekte Reiseführer für einen unvergesslichen Aufenthalt in Prag - inkl. Insider-Tipps und Tipps zum Geldsparen

Amelie Paltz

✈ INHALT

Das erwartet Sie in diesem Buch

Die Goldene Stadt. Stadt der hundert Türme. Für eine der schönsten Städte Europas gibt es viele Namen und Umschreibungen. Warum Prag so wundervoll und mitreißend ist, lässt sich aber nicht anhand flüchtiger Beschreibungen und Lobeshymnen erklären. Man muss dort gewesen und selbst durch die mit Kopfstein gepflasterten Gassen der Altstadt geschlendert sein. Erst dann kann man verstehen, wieso der Zauber der Stadt so viele in den Bann zieht. Prag verstehen, entdecken und genießen können. Nach diesem Prinzip ist der Reiseführer aufgebaut. *Prag verstehen* – ein Blick hinter die Fassaden und warum diese noch stehen. Dieses Kapitel soll Ihnen dabei helfen, die Stadt besser zu verstehen. Dazu gehört ein Überblick zur Geschichte der Stadt und ein paar allgemeine Informationen. Im Kapitel *Prag entdecken* nehmen wir Sie mit auf eine Reise zu den bekannten und nicht so bekannten Orten in Prag. Zu guter Letzt bekommen Sie im Kapitel *Prag genießen* noch einige wertvolle Tipps für Ihre Reise mit auf den Weg. Damit Sie Ihren Besuch auch bestmöglich genießen können.

Ziel ist es, Ihnen durch dieses Buch das Gefühl von Prag zu vermitteln und Ihnen wertvolle Tipps an die Hand zu geben, die Sie in vielen Reiseführern nicht finden. Besonders im Kapitel *Prag entdecken* geht es darum, Sie auf eine Reise durch Prag mitzunehmen. Dabei ist es nicht unser Anspruch, alle Sehenswürdigkeiten Prags im Detail aufzulisten. Wir möchten Ihnen lieber die schönsten Seiten der Stadt zeigen und das Gefühl vermitteln, wie es ist dort zu sein. Wir wünschen Ihnen viel Spaß beim Lesen! Los geht es mit dem geschichtlichen Überblick.

Prag verstehen

EIN ÜBERBLICK ZUR GESCHICHTE PRAGS

D ie *Goldene Stadt* ist nicht nur schön anzuschauen, sondern auch geschichtsträchtig. Wer vom Prager Fenstersturz und Prager Frühling schon genug gehört und gelesen hat, kann natürlich auch weiterblättern. Für alle anderen folgt ein kurzer Überblick zu den Meilensteinen der Prager Stadtentwicklung: auf den Punkt gebracht und kurzweilig. Kennt man die Geschichte Prags in ihren Grundzügen, so kann man auch die Kultur und Menschen der Stadt besser verstehen.

Die Anfänge

Wie bei jeder etwas älteren Stadt liegen auch die Ursprünge Prags weit zurück in unserer Geschichte. Man kann kaum einen exakten Ursprung einer Stadt zeitlich festlegen, da sie nicht einfach von heute auf morgen aus dem Boden sprießt. Beginnen wir einfach einmal mit der Besiedlung des Prager Gebiets durch die Slawen im 6. Jahrhundert – ein erstes bedeutendes Ereignis für das damalige Böhmen. In der darauffolgenden Zeit verdichteten sich die Siedlungen und es wurden erste Burgwälle in der Gegend gebaut. Um 880 begann der Bau der Prager Burg. Etwa zur gleichen Zeit wurde die Stadt Prag gegründet.

Mittelalter und Goldenes Zeitalter Prags

Nachdem im Jahr 1085 mit Vratislav II. der erste tschechische König gekrönt wurde, entwickelte sich Prag im 12. Jahrhundert zum Sitz der böhmischen Herrscher. König Wenzel I. ist die heutige Altstadt (Staré mesto) zu verdanken. Um 1231 lässt er sie erbauen und erteilt ihr zugleich das Stadtrecht. Es folgte die Gründung der heutigen Kleinseite (Malá Strana) im Jahr 1257 und des Hradschins (Hradčany) 1320.

Das 14. Jahrhundert ist für die Entwicklung der Stadt von großer Bedeutung. Es beginnt eine Zeit, die oft als das Goldene Zeitalter Prags bezeichnet wird.

Nicht umsonst: In dieser Zeit regierte der wohl beliebteste Herrscher Tschechiens: Karl IV. Unter seiner Herrschaft wurde Prag zur Hauptstadt des römischen Reiches um 1355. Im 14. Jahrhundert wurden das alte Rathaus und Schlossgebiet erbaut und es wurden die Karls-Universität als erste Universität in Mitteleuropa sowie die Neustadt (Nové mesto) gegründet. Außerdem begann 1357 der Bau der heute so berühmten Karlsbrücke.

Auf das Goldene Zeitalter folgte eine Zeit, die von zunehmenden sozialen und religiösen Spannungen geprägt wurde. Als ein gewisser Jan Hus mit seinen Anhängern das Neustädter Rathaus stürmte, wollten sie ursprünglich gefangen genommene Aufständische befreien. Die Aktion endete damit, dass sieben katholische Ratsherren aus dem Fenster geworfen und anschließend aufgespießt wurden – der erste Prager Fenstersturz am 30. Juli 1419 und Beginn der ca. dreijährigen Hussitenkämpfe.

Neuzeit

Im Jahr 1526 wurde der tschechische Thron von der Habsburger Dynastie übernommen. Für Prag hieß das bis ins Jahr 1918, dass es zum österreichisch-ungarischen Vielvölkerstaat gehörte. Kaiser Rudolf II. verhalf

Prag dazu, zum erneuten gesellschaftlichen und kulturellen Zentrum Mitteleuropas zu werden. Viele Europäer, darunter auch einige Deutsche, kamen nach Prag Es siedelten sich außerdem immer mehr Juden im Stadtgebiet an. Dieses kurze Aufblühen der Metropole wurde durch den Dreißigjährigen Krieg beendet. Auslöser für den Religionskrieg war Prag selbst mit dem zweiten Fenstersturz im Jahr 1618. Ort für den Fenstersturz diesmal: die Prager Burg. Für ganz Tschechien folgte darauf eine etwa 200 Jahre anhaltende Zeit, in der sowohl das tschechische Nationalbewusstsein als auch die tschechische Sprache einen schleichenden Niedergang erlebten. Am 26. Juli 1648 endete der Dreißigjährige Krieg wiederum in Prag, als schwedische Truppen die Kleinseite eroberten.

Im Jahr 1784 schlossen sich die bis dahin unabhängigen Städte (Staré Město, Malá Strana, Hradčany, Nové město) zusammen. Daraus wurde die erste geschlossene Stadtbefestigung Prags.

Im Zuge der Industriellen Revolution im 19. Jahrhundert entwickelte sich auch das tschechische Nationalbewusstsein weiter. Immer mehr Tschechen zogen in die Stadt, wenn auch die deutsche Bevölkerungsgruppe mit 40.000 – 50.000 Einwohnern noch sehr stark war. Durch den Bevölkerungszuwachs entstanden zum Ende des 19. Jahrhunderts immer mehr ethnische Konflikte. Es entwickelte sich aber auch ein bedeutendes kulturelles Zentrum durch die vielen namhaften Künstler und Literaten, die um 1900 in Prag wirkten.

20. Jahrhundert bis heute

Im 20. Jahrhundert ist die Entwicklung Prags von den beiden Weltkriegen geprägt. Zunächst brachte der 1. Weltkrieg viel Leid und Elend mit sich, sorgte aber auch für das Ende des österreich-ungarischen Vielvölkerstaats. Prag wurde dadurch zur Hauptstadt der unabhängigen Tschechoslowakei. Es folgte der 2. Weltkrieg, der das Ende dieser Republik bedeutete. Bis zum Ende des Krieges 1945 besetzte Nazideutschland die Stadt, bevor Prag durch Aufstände und die Rote Armee befreit wurde. Im Vergleich zu anderen Städten wurde Prag im 2. Weltkrieg kaum zerstört. Aufgrund ihres großen Anteils an tschechischen Einwohnern (über 90 %) wurde Prag geschont und besaß auch keine wirklich kriegsrelevante Industrie.

Fortan herrschte ein sozialistisches System, das aufgrund der machthabenden Kommunistischen Partei (KSČ) zu einer starken Unterdrückung der Bevölkerung in den Folgejahren führte. Mit dem Prager

Frühling scheiterte ein friedlicher Versuch, eine Demo-
kratie auf die Beine zu stellen. Staaten des Warschauer
Paktes zerschlugen diesen Versuch gewaltsam im August 1968. Mit dem Mauerfall in Berlin endete in Prag
die Zeit des Kommunismus – auch Samtene Revolution
genannt. Im Jahr 1993 wurden aus der Tschechoslowakei die Tschechische Republik mit Prag als Hauptstadt
und die ebenso unabhängige Slowakei.

Seit 1999 ist die Tschechische Republik Mitglied
der NATO, seit dem 01. Mai 2004 auch Teil der Europäischen Union. Außerdem wurde sie zu der Zeit Mitglied des Schengener Abkommens. Heute gibt es in
Tschechien keine Region, die wirtschaftlich stärker ist
und einen höheren Lebensstandard bietet. Außerdem
ist sie eines der beliebtesten Reiseziele Europas.

DIE STADT PRAG – EIN ÜBERBLICK

Wenn ich an Prag denke, denke ich nicht an eine Groß-
stadt. Keine Skyline mit hohen modernen Wolkenkrat-
zern und keine hervorstechenden Firmenlogos. Aber
etliche Türme und Kuppeln, die sich an der Moldau
entlang schlängeln. Gerade, wenn man im Herbst und
Winter durch die Stadt schlendert, hat man nicht das

Gefühl, durch eine Millionenstadt zu laufen. Das ändert sich, sobald man ihr im Frühling oder Sommer einen Besuch abstattet. In Ruhe über die Karlsbrücke laufen? Von wegen. Wie in einem Ameisenhaufen wird man dann von der Masse über die Brücke eskortiert. Zumindest zu den Hauptstoßzeiten. Das liegt wohl an den 7 bis 8 Millionen Touristen, die jedes Jahr nach Prag kommen.

- Land: **Tschechien**
- **Einwohnerzahl**: Ca. **1,31 Millionen**. Unter den europäischen Großstädten knapp hinter Mailand (1,38 Mio.) und München (1,48 Mio.)
- **Fläche**: Knapp 500 km². Etwas kleiner als Warschau (517 km²) oder Budapest (525 km²)
- **Bevölkerungsdichte**: Mit 2638 Einwohnern pro km² eine der geringsten Einwohnerdichten unter den europäischen Großstädten
- **Lage**: Im Herzen Tschechiens (Europas)
- **Fahrzeiten (Auto)**: Berlin: 4 Std. Köln: 7 Std. Wien: 4 Std. Amsterdam: 8 Std. Mailand: 9 St. An der **Moldau** gelegen
- **Währung**: Tschechische Kronen

Stadtbild & Architektur

Fernab des Touristenandrangs hat Prag so viel unterschiedliche Eindrücke zu bieten. Vom 2. Weltkrieg größtenteils verschont geblieben, erzählt die Stadt eine über 1000 Jahre andauernde Geschichte architektonischer Schmuckstücke. Die städtische Entwicklung über die Jahrhunderte zeigt Facetten der Romantik, Gotik, Renaissance, des Barocks, Klassizismus, Jugendstils und Kubismus. Wem das Tanzende Haus ein Begriff ist, weiß: Prag kann auch moderne und ausgefallene Architektur. In jedem Fall gibt es lauter Highlights für Architektur-Fans.

Party-Stadt und das beste Bier der Welt

In Prag wird gern gefeiert. Ob Junggesellenabschied oder Party-Wochenende, Feierwütige gibt es dort genug. So trifft man zu später Stunde eine bunte Mischung von Menschen aus aller Welt zwischen den vielen Bars und Diskotheken der Stadt. Ein Grund für die gute Feierlaune könnte auch das ausgezeichnete Bier der Region sein. Der Ruf als Bierhauptstadt eilt Prag voraus und ist keinesfalls unberechtigt. Über Geschmäcker lässt sich bekanntlich streiten, doch viele andere und mich hat das Bier in Prag überzeugt. Warum? Das können Sie im Kapitel **Prag entdecken – Das Bier** genauer nachlesen.

Bevölkerung Prags

Der Ruf nach demokratischen Strukturen war in der Bevölkerung Tschechiens und Prags schon lange zu hören. Seit dem Ende des Kommunismus im Jahr 1989 stand der Entwicklung nichts mehr im Wege. Heute ist Prag eine durch Wohlstand geprägte Metropole.

Die Stadt gehört wieder der tschechischen Bevölkerung. War zu Kriegszeiten noch die deutsche Bevölkerung in der Überzahl, sind es heute wieder die Tschechen. Laut offiziellen Zahlen tschechischer Behörden sind ca. 86 % der Bevölkerung von Prag tschechischen Ursprungs. Neben Tschechen leben vermehrt auch Ukrainer (ca. 4 %), Slowaken (ca. 3 %), Russen (ca. 2 %) und Vietnamesen (ca. 1 %) in der Stadt.

Tschechien gilt als eines der ungläubigsten Länder der Welt. Auch den Einwohnern Prags wird mangelnder Religionsglaube nachgesagt. Manchen Statistiken und Umfragen zufolge sehen sich 50 bis 80 Prozent der Bevölkerung Prags als Atheisten oder nicht-religiös an. Wenngleich die Zahlen je nach Quelle variieren und mit Vorsicht zu genießen sind. Bei einer Erhebung im Jahr 2011 gaben 0,3 Prozent der Befragten Prager an, Teil des „Jediismus" zu sein. Jedi-Ritter? Das sind doch die Helden aus dem Star Wars Universum. Genau – so ticken nun mal manche Prager. Ansonsten gehört der gläubige Anteil hauptsächlich den Katholiken an. Insgesamt scheint der Glaube aber eine tatsächlich geringe Bedeutung in Prag zu haben – so wie in Tschechien generell.

Eine Eishockey-Nation

Wer die Prager verstehen möchte, kommt nicht drumherum, sich mit Eishockey zu beschäftigen. Kaum etwas macht Sie stolzer als ihr Talent in dieser Wintersportart. Ob es an den Erfolgen bei Großveranstaltungen, den Eishockey Legenden wie Jaromir Jágr oder dem teilweise verlorenen Nationalbewusstsein in den dunklen Jahren der Stadt liegt, kaum ein Junge oder Mädchen wird nicht auf dem Eis groß. Ich konnte die Begeisterung 2015 selbst erleben. Während der Weltmeisterschaft in Prag herrschte Ausnahmestimmung. Es war, als wäre wochenlang ein riesiges Festival gefeiert worden. Live-Übertragungen auf dem Rathausplatz und tschechische Trikots – so weit das Auge reichte.

Prag entdecken

SEHENSWERTES

Alle Stadtteile in Prag haben etwas für sich und erzählen ihre eigene Geschichte. Die berühmtesten Stadtteile sind die Altstadt, die Kleinseite, der Hradschin und die Neustadt. Dort gibt es auch am meisten zu entdecken: Die berühmten Sehenswürdigkeiten Prags als auch nicht so bekannte, aber aufregende und wunderschöne Orte. Das Beste an allem: Innerhalb der Stadtteile können Sie vieles zu Fuß erreichen und entdecken.

Sie müssen sich nicht in die überfüllten Straßenbahnen quetschen und können damit sogar etwas Geld sparen. Ich nehme Sie nun mit auf eine Reise durch die Straßen und Gassen der vier historischen Stadtviertel. Unterwegs zeige ich Ihnen die schönsten Ecken und gebe noch ein paar praktische Tipps mit auf den Weg.

Must-Dos

Altstädter Ring

Jüdisches Viertel

Karlsbrücke

Prager Burg

Kleinseitner Ring/ St. Nikolaus Kirche

Wenzelsplatz

Altstadt (Staré Město) & Umgebung

Wir beginnen unsere Reise im Herzen Prags, der historischen Altstadt. Historisch, da Ort für einige geschichtsträchtige Ereignisse. Außerdem ist die Altstadt das älteste Stadtviertel. Das sieht und spürt man schon bei den ersten Schritten durch die Gassen. Vom Bahnhof kommend, sind wir gerade durch den monumentalen Zugang zur Altstadt hindurch gelaufen.

Ein paar Schritte weiter drehen wir uns um und schauen auf das spätgotische Bauwerk, das sowohl Turm als auch Tor darstellt: den **Pulverturm**. Etwas fehl am Platze, da umgeben von Gebäuden aus anderen Jahrhunderten, aber alt und wunderschön. Entstanden im Jahr 1475, beherbergt der Turm heute eine tolle Ausstellung eines mittelalterlichen Waffenarsenals.

Besonders ist auch der Blick über Prag vom Aussichtspunkt des Turms. Wie so oft in Prag kann man neben der einen Attraktion direkt die nächste bewundern. Als Nachbar des Pulverturms steht das **Haus zur Schwarzen Mutter Gottes**. Erbaut in den Jahren 1911–1912, beherbergt das Bauwerk im Inneren das weltweit einzige kubistische Kaffeehaus.

Der Torturm ist nicht nur der Eintritt zur Altstadt, sondern bildet auch den Beginn des einstigen Krönungs- oder Königsweges hinauf zur Prager Burg. Auf den Spuren von Königen gehen wir die **Celetnà**, eine der ältesten Straßen Prags, weiter in Richtung des Altstädter Rings. Auf dem Weg zum historisch und gesellschaftlich wichtigsten Platz in Prag lohnt es sich, in die Seitengassen hineinzuschauen. Dort findet man neben Restaurants und kleineren Verkaufsläden vor allem schöne alte Häuschen.

Wenn ich Prag einen Besuch abstatte, laufe ich immer gern durch diese Gassen rund um den Altstädter Ring. Am liebsten schlendere ich ohne Ziel von der einen Gasse in die nächste. Auch nach Jahren finde ich noch einen Laden und Häuser, die mir neu sind. Auch direkt auf der Celetná gibt es einiges zu entdecken. Authentische Läden reihen sich dicht an dicht mit Touristenshops aneinander. Für alle Naschkatzen gibt es hier verlockende Süßwarenläden. Für den einen oder anderen könnte hier auch das tschechische Wachsmuseum interessant sein.

Altstädter Ring

Nach ein paar Minuten Herumschlendern sind wir plötzlich nicht mehr in einer Gasse, sondern auf einem großen belebten Platz – mit malerisch schönen Häusern unterschiedlicher Stilrichtungen umrahmt. Altertümlich anmutende Türme wachen über den Platz.

Verzierte Fassaden springen einem entgegen. Fast hätte mich dieser Ort mit seiner Schönheit und Wucht erschlagen, als ich zum ersten Mal den Altstädter Ring betrat. Damals waren mir die Touristenscharen völlig egal. Ich fühlte mich in eine andere Zeit versetzt.

Zeuge zahlreicher historischer Ereignisse, Austragungsort von Großveranstaltungen und Treffpunkt für Alt und Jung. Der Altstädter Ring ist DER zentrale Platz Prags. Hier ist eigentlich zu jeder Tageszeit etwas los. Gerade an Wochenenden und zu den Hauptstoßzeiten ist dieser Platz unglaublich belebt. Von den zahlreichen Cafés und Terrassen lässt sich ein buntes Treiben auf dem Platz beobachten. Mal sind es Straßenkünstler oder hochbegabte Klavierspieler, die den Platz mit Leben füllen, mal kleine oder große festivalartige

Events oder Märkte. Was gibt es hier alles zu sehen?

• *Teynkirche:* Ein Wahrzeichen der tschechischen Hauptstadt. Die beiden Kirchtürme gotischen Stils ragen 80 Meter in die Höhe. Um 1380 gebaut, handelt es sich um eine römisch-katholische Kirche.

• *Altstädter Rathaus & astronomische Uhr:* An der Menschenversammlung zu erkennen, die sich vor der Sehenswürdigkeit befindet. Schöner gotischer Baustil mit toller Aussicht vom Rathausturm. Highlight ist die **astronomische Uhr**. Für ein Bild mit der „sagenumwobenen" Uhr tummeln sich hier rund um die Uhr Massen an Touristen. Das Besondere: Zu jeder vollen Stunde setzt sich eine Prozession der zwölf Apostel in Gange, begleitet von imposanten Glockenklängen. Die komplexe Uhr ist zweifellos einen Blick wert, meiner Meinung allerdings etwas überbewertet.

• *Jan-Hus-Denkmal:* Bedeutendes Jugendstilkunstwerk, das inmitten des Platzes thront. In Gedenken an den Aufständischen und Reformator Jan Hus 1915 eingeweiht.

• *Palais Goltz-Kinsky:* Generaldirektion und Ausstellungsort der Nationalgalerie.

• *Kirche des Heiligen Nikolaus:* Tschechoslowakische Hussitenkirche, die im Gegensatz zu den Kirchtürmen des Rathauses und der Teynkirche nicht im gotischen, sondern barocken Baustil daherkommt. Nicht weniger dominant als seine gotischen Nachbarn.

Jüdisches Viertel/Josefov

Weiter geht unser Weg in Richtung des Jüdischen Viertels. Dabei kommen wir am Kleinen Ring vorbei. Lange nicht so belebt und touristisch wie der Altstädter Ring, trotzdem ein schöner Platz, der zum Essen und Kaffeetrinken einlädt. Wir biegen nach rechts ab und sind schon gleich im jüdischen Viertel angekommen. Wenn auch von der Altstadt umgeben, gehört das jüdische Viertel zum Stadtteil Josefov, auch Judenstadt genannt. Im 13. Jahrhundert entstanden, entwickelte sich dieser Stadtteil zu einem der bedeutendsten Orte für Juden in ganz Europa. Hier können wir einiges über das Leben und die Kultur der Prager Juden entdecken. Willkommen im **Jüdischen Museum Prags**!

Das jüdische Museum besteht aus sechs Synagogen, dem jüdischen Rathaus, einem Zeremonienhaus mit Leichenhalle und dem alten jüdischen Friedhof. Diesem statten wir einen kurzen Besuch ab. Etliche kreuz und quer gestapelte Grabsteine. Über schmale Wege laufen wir über den Friedhof. Durch die vereinzelten alten Bäume ein Wechselspiel aus Sonne und Schatten. Man kann fast hören, wie hier die

Geschichten so vieler verstorbener Juden erzählt werden. Wären da nicht die vielen Touristen, die jegliche Geräusche verstummen lassen. Der jüdische Friedhof ist eine der Touristenattraktionen in Prag und deshalb sehr stark besucht. Trotzdem herrscht hier eine besondere Stimmung, die nachdenklich macht und bleibende Eindrücke hinterlässt – ein Muss für jeden Prag-Besucher.

Kleinseite (Malá Strana)

Die Prager Kleinseite ist ein besonderes Viertel. Zwischen Prager Burg und Moldau gelegen, lässt es sich hier besonders gut leben. Wie in der Altstadt gibt es auch hier viele Schätze vergangener Zeiten zu entdecken. Gleichzeitig laden bunte Gärten und Parks als grüne Oasen zum Entspannen ein. Gut besucht, aber doch nicht so überfüllt wie die Altstadt, kann man hier Staunen und Entspannen in einem. Dazu muss man sich allerdings etwas auskennen. Ansonsten läuft man Gefahr, auf dem Weg zur Prager Burg überrannt zu werden.

Die Karlsbrücke

Möchte man von der Altstadt zur Kleinseite, muss man die Moldau überqueren. Wie praktisch, dass es dafür so atemberaubende Brücken wie die **Karlsbrücke** gibt. Von der Altstädter Seite geht es früh morgens los. Wenn Sie ein Fan von Menschenmassen sind und sich durch Menschen hindurch über die Brücke drängen möchten, dann können Sie sich auch zu späterer Stunde aufmachen. Für alle anderen gilt: so früh wie möglich aus dem Bett! Dann können Sie das Wunder der Brücke etwas ungestörter genießen. Welches Wunder fragen Sie sich? Nun, das habe ich mich vor meiner ersten Besichtigung auch gefragt. Sie sieht ja ganz schick aus, die Karlsbrücke, aber was soll an ihr so besonders sein. Ich versuche, es Ihnen bei der Überquerung zu erklären.

Wir machen die ersten Schritte auf die Brücke. Es ist kaum etwas los. Nur ein paar einzelne Frühaufsteher schlendern über die Brücke. Nach ein paar Metern sind wir unter dem **Altstädter Brückenturm** hindurch. Ein Blick zurück zeigt uns den Turm in seiner vollen Pracht. Früher zum Zwecke der Verteidigung benutzt, ist er heute das Eintrittstor zur Altstadt.

Ein paar Schritte weiter fallen einem die Statuen links und rechts der Brücke auf. Zahlreiche Heiligenfiguren in regelmäßigem Abstand begleiten einen über die Brücke. Es offenbart sich ein unvergleichlicher Blick auf die Kuppeln der Stadt. Wir drehen uns von links nach rechts und sehen von der Prager Burg bis zu den Glockentürmen der Teynkirche alles, was in den Himmel ragt. Nur hier fühlt man sich wirklich im Herzen Prags, da man so viel um sich herum erblicken kann. Wir schlendern weiter auf einer der ältesten Steinbrücken Europas, die zum Glück nur für Fußgänger freigegeben ist. Am Ende der Brücke angekommen, wird man von zwei weiteren schönen Brückentürmen empfangen. Der etwas Größere der beiden (**Malá-Strana-Brückenturm**) kann wie der Altstädter Brückenturm begangen werden und stellt einen weiteren wunderschönen Aussichtspunkt auf die Stadt dar.

Mal ehrlich: Sogar in den frühen Morgenstunden hat man gerade in der Hochsaison meist nicht das Glück, eine halbwegs verlassene Karlsbrücke vorzufinden. Das ist aber nur halb so wild. Auch eine volle Karlsbrücke ist eine Überquerung wert. Den Blick über die Stadt trübt es nicht und manchen wird die umtriebige Stimmung mit Musikern, Malern und sonstigen Künstlern mit Sicherheit gefallen. Geben Sie nur acht auf die vielen Selfiesticks!

Kurz nach den Brückentürmen lauern unzählige Souvenirshops und andere touristisch angehauchte Läden. Mein Highlight (Achtung: Sarkasmus) sind die begehbaren Aquarien. Dort kann man als einer unter

Hunderten pro Tag seine Füße in einem Wasserbecken von kleinen Fischen massieren lassen. Das ersparen wir uns, indem wir vor den Toren Malá Stranas eine Treppe hinuntergehen. Nun befinden wir uns unterhalb der Karlsbrücke. Zwischen Moldau und Karlsbrücke befindet sich hier eine sehr romantische Gegend, die man nur leider mit vielen Touristen teilen muss. Deshalb schauen wir uns hier kurz um, essen einen Trdelník an einem der Essensstände und gehen weiter Richtung Süden. Trdelník ist ein Gebäck, das ursprünglich aus der Slowakei stammt. Es wird an Stöcken gebacken und in verschiedenen Varianten an fast jeder Ecke in Prag angeboten. Machen Sie sich einen Spaß draus und suchen Sie den besten Trdelník der Stadt!

Kampa

Nach ein paar Schritten sind wir unbemerkt auf eine Insel der Moldau gelangt, genannt **Kampa**. Die Insel wird durch einen künstlichen Kanal von der Kleinseite getrennt, dem sogenannten Teufelsbach. Mit Blick auf den Teufelsbach wirkt es hier ein wenig wie in Venedig: Malerisch romantisch, aber viel gemütlicher und weniger dem Zerfall unterlegen, ist die Insel ein echter Traum für alle Genießer und Träumer unter uns.

Hier lohnt es sich, während des Spazierens einen Blick über die Moldau zu werfen und die schöne Gegend mit ihren kleinen romantischen Häuschen zu bewundern. Einige schicke Restaurants laden hier zudem zum Verweilen ein. Preislich etwas höher angesetzt, aber mit tollem Essen und einem wundervollen Ambiente kann ich das **Altany Kampa** bestens empfehlen.

John-Lennon-Gedächtnismauer

Einmal bis zum Ende der kleinen Insel und wieder zurück. Schon sind wir wieder in Sichtweite der Kleinseitner Brückentürme. Auf dem Weg ins Zentrum der Kleinseite lohnt es sich, einen Blick auf die John-Lennon-Gedächtnismauer zu werfen. Dem 1980 verstorbenen Ex-Beatle Sänger wurde hier ein ganz besonderes Andenken gemacht. Alles begann mit einem Porträt des Musikers, der in Prag als Friedensikone gefeiert wurde. Über die Jahre wurden etliche Verewigungen und Nachrichten auf der Mauer angebracht.

Zahllose Graffitis schmücken die Wand. Zwar ist vom ursprünglichen Porträt John Lennons nicht mehr viel übriggeblieben, die vielen Friedensparolen und ausgefallenen Sprüche sind trotzdem inspirierend.

Kleinseitner Ring & St. Nikolaus Kirche

Entlang der Mostecká Straße geht es weiter Richtung Mittelpunkt der Kleinseite. Die von der Karlsbrücke herkommende Straße ist sehr touristisch geprägt. Wunderschön sind die zu beiden Seiten emporragenden Barockhäuser. Vor einem gewissen Trubel muss man sich hier allerdings in Acht nehmen. Schließlich befinden wir uns hier wieder auf dem berühmten Krönungsweg zur Prager Burg.

Wer etwas mehr Ruhe und Romantik haben möchte, kann hier wieder in die kleinen Seitengassen abtauchen. Wie in der Altstadt lohnt es sich, hier ziellos herumzuschlendern. Hier und da trifft man schon auf den einen oder anderen netten Laden oder man steht plötzlich vor einem pompös geschmückten Palast. Unser Ziel, das schon fast von den Brückentürmen der Karlsbrücke zu sehen ist: die **St. Nikolaus Kirche** auf dem **Kleinseitner Ring**. Das barocke Meisterwerk ist ein weiteres Wahrzeichen der Stadt und gehört zu den bedeutendsten barocken Kirchen Europas. Schon auf der Karlsbrücke haben wir die riesige türkise Kuppel des Bauwerks bewundern können. Wir stehen vor der Kirche auf dem Platz, der als Kleinseitner Ring bekannt ist. Ich muss Ihnen gestehen: Der Anblick der Kirche hat mich sogar noch etwas mehr beeindruckt als der Blick auf den Veitsdom der Prager Burg. Das liegt wohl auch an dem Kleinseitner Ring, von dem man einen uneingeschränkten Blick auf das Wunderwerk werfen kann. Wir werfen einen Blick in die Kirche und das Staunen geht weiter. Besonders beeindruckend ist das Zusammenspiel aus Deckenfresken, Verkleidungen, Statuen und dem besonderen Lichtspiel im Inneren. Man stelle sich vor, hier auf einer Bank zu sitzen, während Mozart zu Zeiten seines Prag-Aufenthalts die Orgel erklingen lässt (was er damals tatsächlich getan hat).

Der Kleinseitner Ring bietet viele verschiedene gastronomische Möglichkeiten. Hier kann man sich in ein Restaurant setzen und unterschiedliche Speisen genießen oder sich bei einem Kaffee auf eine Terrasse setzen. Möchten Sie die einheimische Küche und von einem der besten Kneipenbiere Prags kosten, empfehle ich Ihnen das Restaurant **Malostranská beseda**. Nicht allzu teuer und üppige Portionen, dazu ein eigenes Bier aus dem Braukeller.

Vojan Park

Vom Essen gestärkt machen wir nun einen kleinen Ausflug zu einem meiner Lieblingsplätze in Prag. Keine Sorge, wir müssen uns dafür nicht wieder direkt in den Touristentumult stürzen. Auch handelt es sich nicht schon wieder um ein jahrhundertealtes großes Bauwerk, das wir uns anschauen. Wir spazieren durch die Regierungs- und Arbeiterviertel der Kleinseite entlang der Letenská Straße. Sie befinden sich auf dem richtigen Weg, sobald Sie rechts von hohen weißen Gebäuden und links von einer weißen Mauer eskortiert werden. Wir halten uns rechts und kommen nach ein paar Minuten an der U-Bahn-Station Malostranská an. Hier biegen wir rechts ab. Zur linken Seite erscheint schon wieder die Moldau. Rechts geht es durch ein kleines Tor in einen Park hinein.

In den bekannten Reiseführern findet man nur wenig Informationen zu dieser Anlage. Viele laufen an dem Ort vorbei, werfen einen kurzen Blick durch das Tor und gehen gelangweilt weiter. Wohl nur einer von zahlreichen Parks in Prag. Nichts Besonderes, denken sich die meisten. Umso besser für uns, wir können diesen verwunschenen und nicht so bekannten Ort in Ruhe erkunden.

Von einer weißen Mauer umschlungen, gehen wir die ersten Schritte durch den einzigen Zugang hinein. Uns eröffnet sich eine kleine Oase von Grün und Vogelgezwitscher. Auf einer kurzen Promenade gehen wir weiter. Links und rechts sind weiße Sitzbänke. Hier sitze ich gern unter dem Schatten der Obstbäume und lese oder lasse mich von der Stimmung inspirieren.

Kein Straßenlärm, keine Menschenmassen und kein Asphaltgeruch. Es fühlt sich nicht mehr so richtig nach Prag an, sondern nach einem verwunschenen Märchengarten im Nirgendwo. Vielleicht liegt es an der idyllischen Ruhe oder an den vielen Farben, die durch die blühenden Obstbäume und Blumen entstehen. Vielleicht auch an der liebevollen Anordnung der Bäume und Wege. Die vielen Obstbäume zeugen von der Vergangenheit des Parks als ehemaliger Klostergarten. Da der Park seine Ursprünge als Garten der Prager Bischöfe im Mittelalter hat, gilt er als ältester teilweise erhaltener Garten Prags.

Am Ende der grünen Oase befinden sich ein kleiner Brunnen und ein paar weitere weiße Sitzbänke. Dieser letzte Bereich ist umgeben von schlossähnlichen weißen Hausfassaden. Hier flanieren nicht nur die wenigen Menschen, die den Park gefunden haben, sondern auch Pfauen. Ja genau, Pfauen. Als ich zum ersten Mal durch den Park lief, flatterte mir einer der schönen Vögel entgegen und ich traute zunächst meinen Augen nicht. Damit hatte ich nun gar nicht gerechnet. Was auch immer sie hier tun, sie genießen es, um den Brunnen herumzuspazieren, und fühlen sich im Vojan Park genauso wohl wie ich.

Hradschin (Hradčany)

Vom Kleinseitner Ring ist es nicht weit bis zur Prager Burg und dem sie umgebenen historischen Stadtteil Hradschin. Je nachdem, welchen Weg man einschlägt, sind es nur 600 bis 800 Meter bis zum Hradschin-Platz, dem Platz direkt vor dem Eingang der Prager Burg. Das sollte in 10 bis 15 Minuten machbar sein, sagen Sie? Nun ja, das wäre so, wenn da nicht die vielen Touristen und der recht steile Anstieg bis nach oben wären. Planen Sie deswegen lieber mindestens eine halbe bis dreiviertel Stunde ein. Wir entscheiden uns, die Nerudova entlang nach oben zu gehen. Unterwegs kommen wir an ganz vielen kleinen Läden vorbei. Schön anzusehen, aber meist sehr touristisch und etwas zu teuer.

Prager Burg

Oben angekommen hat man vom Hradschin-Platz aus schon einmal einen wunderschönen Blick über die Dächer und Kuppeln Prags. Für alle, die es etwas gemütlicher haben und den steilen Aufstieg umgehen wollen: Bis hierhin kann man sich auch mit einem Taxi einmal um die Burg herum kutschieren lassen.

Am Haupttor stehen zwei Wachen, die den Eingang

zur Burg markieren. Stündlich erfolgt hier eine zeremonielle Wachablösung, die ein beliebtes Publikumsspektakel darstellt. Wir warten aber nicht auf den etwas überbewerteten Schichtwechsel, da wir die Burg nun endlich von innen sehen möchten.

Durchs Haupttor durchgehuscht, sind wir auch schon im ersten Burghof angelangt. So richtig geht es aber erst im zweiten Burghof los, den man auch nach ein paar weiteren Schritten erreicht. Ein barocker Springbrunnen kürt die Mitte des Hofs. Hier befindet sich außerdem die Schatzkammer des Veitsdoms. Nachdem wir es in den dritten Burghof geschafft haben (es ist nun einmal die weltgrößte Burganlage), stehen wir vor dem mächtigen **Veitsdom**. Bevor wir hineinschauen, gehen wir einmal um die sehenswerte Kathedrale herum.

Dabei stoßen wir unter anderem auf den **Alten Königspalast**, eines der ältesten Gebäude der Prager Burg. Aber so richtig können wir den Blick nicht vom Dom abwenden. Zu mächtig erscheint die Kathedrale, egal, von welcher Seite man sie betrachtet. Auch von Innen hat der Dom natürlich einiges zu bieten. Wem die Preise für die Besichtigung des Inneren oder die Begehung des Turms zu teuer sind: Man kommt auch ohne Eintrittspreis in den vorderen Bereich der Kirche und kann einen Eindruck des bombastischen Inneren erhaschen.

Nach ein paar Selfies, auf denen nie der ganze Dom zu sehen ist, schlendern wir weiter in Richtung des östlichen Teils der Prager Burg. Unterwegs schauen wir immer mal wieder zwischen den Mauern der Burg hindurch. Einmal alles auf sich wirken lassen und den tollen Ausblick genießen! In diesem Bereich gibt es noch einiges zu entdecken. Dazu gehört z. B. die **Basilika St. Georg**, eine zweite wundervolle Kirche innerhalb der Prager Burg. Am liebsten gehe ich hier allerdings durch das **Goldene Gässchen**. Entlang der nördlichen Burgbauer verläuft dieses Gässchen, mit märchenhaft bunten Häuschen links und rechts. Ursprünglich für die Burgschützen als Behausung gedacht, dienten die Häuschen in der Folge unterschiedlichen Zwecken. Mal als Schenke, mal als Haus für Goldschmiede oder als Unterkunft von Kafkas Schwester. Die Vielfalt an Behausungen erklärt auch die vielfältigen Bauweisen und unterschiedlichen Formen. Nachdem wir durch dieses malerische Gässchen gegangen sind, geht es talwärts die Burg hinunter. Der Weg schlängelt sich durch die Burgmauern und Burggärten und könnte kaum idyllischer sein.

Neustadt (Nové Město)

Wie ein Halbmond umgibt die Prager Neustadt den südlichen und östlichen Teil der Altstadt. Die Neustadt ist allerdings keineswegs ein moderner oder neuer Stadtteil Prags. Der Name geht auf das damals neuartigste Stadtviertel der ersten vier historischen Städte Prags zurück. Zwar ist das Viertel im Mittelalter um das Jahr 1348 entstanden, die Gebäude sind aber größtenteils im 19. und 20. Jahrhundert gebaut worden. So kommt es, dass in der Neustadt wunderschöne Bauten des Jugendstils und der Neorenaissance zu bestaunen sind.

Wenzelsplatz

Unser Spaziergang durch die Altstadt beginnt am unteren Fuße des **Wenzelsplatz**. Eher um eine Allee oder ein Boulevard als um einen Platz handelt es sich bei einem der historisch bedeutenden Plätze für die tschechische Bevölkerung. Hier fanden unter anderem die Feierlichkeiten der damals neu ins Leben gerufenen Tschechoslowakischen Republik 1918 statt. 1989 wurde hier das Ende der kommunistischen Unterdrückung verkündet und gefeiert.

Am Fuße dieses geschichtsträchtigen Ortes fallen uns zunächst die schönen Jugendstilbauten auf. Ein

Paradebeispiel dafür ist das **Grand Hotel Europa**. Wir kommen auch an einigen Restaurants und Kneipen vorbei, die sehr einladend aussehen. Am oberen Ende des Wenzelsplatzes angekommen, dominiert das Nationalmuseum das Erscheinungsbild des Ortes. Bevor wir aber am Museum angekommen sind, erscheint neben uns die berühmte **Reiterstatue des heiligen Wenzels**. Namensgeber des Wenzelsplatzes und Friedensfürst des 10. Jahrhunderts. Umringt von weiteren Schutzpatronen des böhmischen Reichs wacht er über die gesamte Promenade. So fühlt es sich zumindest an.

Nationalmuseum

Das Hauptgebäude des Nationalmuseums entstammt der Neorenaissance und ist ein sehr imposantes Gebäude. Es ist Tschechiens bedeutendstes Museum, was deren Kultur- und Naturgeschichte betrifft. Warum es so wuchtig und imposant daherkommt? Im Jahr 1880 entworfen, sollte es als Symbol für das neu erlangte Nationalgefühl der tschechischen Bevölkerung dienen. Aufgrund der reichen Sammlung an kulturell höchst wertvollen Ausstellungen, ist dieses Bemühen auch im Inneren zu erkennen. Versäumen Sie nicht, einen Blick hinein in das Pantheon zu werfen und sich die Ausstellung zur kommunistischen Herrschaft anzuschauen.

Karlsplatz/ Neustädter Rathaus

Nach einer ausführlichen und lehrreichen Museums-
tour machen wir uns auf in Richtung Moldau. Wir
könnten rund um den Wenzelsplatz zwar noch viel
mehr erkunden, bei allen Sehenswürdigkeiten in Prag
muss man aber irgendwann Prioritäten setzen. Besonders bei kürzeren Wochenendausflügen. Also ab geht
es die Štěpánská und dann die Žitná entlang. Schon
sind wir am nächsten historischen Platz angekommen:
dem **Karlsplatz.** Früher einer der wichtigen Markt-
plätze für damalige Händler, handelt es sich heute um
einen gemütlichen Platz, der zum Verweilen auf einer
Parkbank unter den schönen grünen Bäumen einlädt.

Wir setzen uns und wenden unseren Blick auf das
nördliche Ende des Platzes. Dort thront das **Neustädter Rathaus**, das im 14. Jahrhundert erbaut wurde, als
die Neustadt noch richtig neu war. Es handelt sich
hierbei um den Tatort des ersten Prager Fenstersturzes.
Dem Ereignis, bei dem 10 Personen aus dem Fenster
geworfen wurden und das als Auslöser der damaligen
Hussitenkriege gilt. Schon etwas unwirklich, wenn
man sich den friedlichen Karlsplatz anschaut, aber
nicht unvorstellbar, da das Rathaus noch fast wie damals aussieht.

Tanzendes Haus

Am Moldauufer angekommen, fällt unser Blick nun auf ein Gebäude sonderbarer Art. Besonders für das so historisch anmutende Prag. Zwei Gebäudeteile, von denen sich einer in Richtung des anderen biegt wie eine Banane. Architektonisch kaum möglich: Willkommen beim Tanzenden Haus. Auf einer schmalen Säule aufgebaut, wirkt der rechte Teil allein mit seinen dicht aneinander gereihten Fenstern und durch seine Kegelform wie ein architektonisches Kunstwerk. Der Gebäudeteil daneben scheint aber die Gesetze der Architektur wirklich auf den Kopf zu stellen. Das sollten Sie mit eigenen Augen gesehen haben, sofern Sie sich auch für modernere Architektur interessieren. Gerade bei schönem und warmem Wetter kann ich das kleine Café auf der Dachterrasse des Gebäudes empfehlen. Etwas teuer, aber mit tollem Ausblick!

Moldaupromenade & Nationaltheater

Nach dieser kleinen Überraschung wandern wir in nördlicher Richtung die Moldau hinauf. Links am Fluss gibt es hier eine tolle Promenade. Gerade im Sommer ist dies eine sehr belebte Gegend, in der man nicht nur gut essen, sondern auch feiern kann. Zwar gibt es hier keine Clubs, aber Getränkestände und laute Musik sind hier massig geboten. Wer in Prag einmal einen guten Fisch essen möchte, dem empfehle ich eines der hier gelegenen Fischrestaurants.

An der **Brücke der Legionen** angekommen, gehen wir nach rechts und stehen direkt vor dem **Nationaltheater**. Ein unglaublich pompöses Gebäude, das direkt an der Moldau gelegen ist. Auch im Inneren geizt das Nationaltheater nicht mit Schönheit und Ausstrahlung. Es handelt sich wiederum um ein Symbol, dem Nationalstolz im 19. Jahrhundert neues Leben einzuhauchen. Eines der beeindruckendsten Gebäude Prags! Sie fragen sich, wie reich eine Stadt sein muss, um so ein Gebäude erbauen zu können? Muss sie nicht. Der Bau des Theaters wurde allein mithilfe privater Spenden finanziert.

Tolle Aussichten
Petřín Berg – Der Klassiker

Sehr beliebt unter den Besuchern Prags ist der **Petřín Berg** und der auf dessen Spitze stehende Aussichtsturm. Der kleine Berg ist am besten mit einer Standseilbahn von der Straße Újezd der Kleinseite zu erreichen. Alternativ gehen 299 Stufen den Berg hinauf. Oben angekommen, bietet das Gelände ausgedehnte

Grünflächen. Sehr einladend für etwas Bewegung rund um den Berg. Schon hier hat man eine tolle Aussicht über die Stadt. Noch besser wird der Blick aber vom Aussichtsturm des Bergs – ca. 60 m hoch und dem Eiffelturm sehr ähnlich. Nicht umsonst wird er auch **Kleiner Eiffelturm** genannt. Ob man den Nachbau mag oder nicht, die Aussicht von dessen Spitze ist phänomenal!

Fernsehturm – Der Moderne
Modern, hoch und ziemlich unschön: Der 216 m hohe **Prager Fernsehturm.** Der im Stadtteil Žižkov befindliche Stahlturm ist alles andere als eine Schönheit. Vielleicht hat sich der bekannte Künstler Cerný deswegen auch eine kleine Ausbesserung ausgedacht: den Fernsehturm hoch krabbelnde Figuren von Kleinkindern. Ob ihn das schöner macht, darf jeder für sich selbst entscheiden. Im Innern hat der Turm aber einiges zu bieten. Auf 63 m Höhe findet man ein sehr schickes Restaurant. Von der Aussichtsplattform 95 m über der Stadt hat man zudem einen besonderen Blick über Prag.

Letnà Park – Der Geheimtipp
Im nördlichen Teil der Stadt liegt mein Geheimtipp für

eine besonders schöne Aussicht über Prag. Nicht weit von der Prager Burg entfernt liegt der **Letnà Park**. Sie erkennen den Ort an dem großen Metronom, das auf dem Plateau hin und her pendelt. Besonders ist nicht die Höhe des Aussichtspunktes auf der Erhebung des Parks. Es ist der wunderschöne Blick die Moldau entlang und über deren Brücken hinweg, links und rechts die Häuser und Turmspitzen der Stadt.

Nicht nur die Aussicht hier ist toll, auch der Ort an sich. Hier kann man wundervolle Spaziergänge durch einen der schönsten Parks von Prag machen. Super, um ein wenig vom Stress und Trubel der Metropole abzuschalten. Im östlichen Bereich gibt es außerdem einen der schönsten Biergärten der Stadt – Blick über die Moldau inklusive!

GASTRONOMIE

Tschechische Küche

Fleisch, Knödel und Bier. Wer in Prag die traditionelle Küche kosten will, darf keine Kalorien zählen. Auch für Vegetarier ist die tschechische Küche eher unpassend. Fast jede tschechische Speise besteht aus einem oder mehreren Stücken Fleisch, das mit unterschiedlichen Knödeln angerichtet wird. Dazu kommen meistens etwas Kraut und eine dunkle Soße. Die Tschechen mögen es außerdem recht fettig und ein Bier darf natürlich auch nicht fehlen. Trotzdem oder gerade wegen der üppigen Mahlzeiten habe ich die tschechische bzw. böhmische Küche lieben gelernt. Das Essen ist deftig, ohne viele Schnörkel, und man kann sicher sein, nicht hungrig aus einem tschechischen Lokal gehen zu müssen. Zu den traditionellsten tschechischen Gerichten in Prag gehören:

- Schweinefleisch mit Knödel und Kraut
- Gulaschsuppe, Knoblauchsuppe
- Gulasch mit Knödel
- Wildgerichte und gebratene Ente
- Knödel

Restaurant-Empfehlungen

In Prag gibt es für jeden ein Restaurant, das nach ihrem oder seinem Geschmack ist. Das liegt an der großen Auswahl und Konkurrenz untereinander. Das Schwierige dabei ist nur, die guten Restaurants unter den vielen zu finden. Dabei lässt sich über Geschmack bekanntlich streiten. Für den einen sind die Pommes zu salzig, dem anderen ist das Steak zu roh. Es fällt deswegen schwer, allgemeine Tipps zum Thema Essen zu geben. Von einigen Restaurants bin ich allerdings begeistert und kann sie auch nach mehreren Besuchen wärmstens empfehlen.

• *Kolkovna Olympia* – traditionell tschechisches Essen (Vítězná 619/7 Kleinseite): Falls Sie auf den Geschmack böhmischer Küche gekommen sind, empfehle ich Ihnen das Kolkovna Olympia. Es ist Teil der Kolkovna Brauerei und Restaurant-Kette und bietet eine große Auswahl tschechischer Gerichte an. Falls Sie mal nicht wissen, wohin, sind auch die anderen Restaurants der Kette eine prima Anlaufstelle. Bisher hat mich keines dieser Marke enttäuscht. Besonders ist mir aber das Kolkovna Olympia in Erinnerung geblieben. Freundlicher Service, auf den Punkt gegartes Fleisch und das pure Gefühl böhmischer Küche auf dem Teller.

• *Cantina* – mexikanische Küche (Újezd 38, Kleinseite): Wie das Kolkovna Olympia ist auch das Cantina auf der Kleinseite zu finden. Das Restaurant besticht mit seinen traditionell mexikanischen Gerichten und begeistert mit seinem Ambiente. Kein großer pompöser Laden, sondern ein bescheidenes traditionell eingerichtetes Lokal.

• *Pizza Nuova* – All You can eat mit Stil (Revoluční 655 Altstadt): Mit einem herkömmlichen All-you-can-eat-Buffet hat dieses charmante Restaurant nichts gleich. Es läuft so ab: Sie bekommen verschiedene

Köstlichkeiten der italienischen Küche an Ihren Platz geliefert. Kleine Nudel- oder Pizza-Portionen oder etwas Ausgefalleneres. Sie können selbst entscheiden, ob Sie das Gericht essen möchten oder nach etwas Neuem verlangen. Ihnen wird so lange neues Essen gebracht, bis Sie Ihr Stopp-Schild auf dem Tisch zur entsprechenden Seite wenden.

• *Altany Kampa* – romantisch gehobeneres Restaurant (Nosticova 465/2a Kleinseite): Wie bereits bei den Sehenswürdigkeiten erwähnt: Das Altany Kampa bietet gehobenere Küche mit einmaligem Ambiente. Im Kampa Park lässt es sich leben und besonders gut speisen. Auch hier gibt es traditionelle tschechische Gerichte.

Sonstige Infos

Es gibt unzählige traditionelle tschechische Restaurants. Sie sind an der tschechischen Speisekarte zu erkennen und bieten oft wunderbares Essen an. Manchmal ist es dort allerdings schwer, einen Platz zu ergattern. Außerdem sprechen die Wirte und Bedienungen meist nur ihre Landessprache. Sie sollten außerdem gewappnet sein, einen dezenten bis störenden Rauchgeruch in Ihrer Nase zu haben. Zwar sollten die Raucherbereiche von den Essensbereichen getrennt sein. In der

Praxis sind das aber manchmal nur Schwingtüren, die die Räume trennen. Falls Sie aber wie die Einheimischen speisen möchten, müssen Sie eines dieser traditionellen Lokale besuchen.

FÜR NACHTSCHWÄRMER UND TAGTRÄUMER – AUSGEHEN IN PRAG

Gemütlich wie die Einheimischen abends ein Bier zischen oder zusammen mit Menschen aus aller Welt die Nacht zum Tag machen? Für jeden und jede ist in Prag etwas dabei. Wer die Stadt und die Menschen wirklich kennenlernen möchte, sollte in einer oder mehreren der vielen Kneipen und Nachtclubs vorbeischauen. Vor allem in den lokalen Kneipen lernt man das Leben der Tschechen nach Feierabend kennen. Sobald es dunkel wird, kommen dann auch die jungen Prager aus ihren Studentenwohnheimen und Wohnungen heraus. Die Flaniermeilen werden zu Partymeilen. Dabei steht das Angebot an Ausgehmöglichkeiten anderen Touristenzielen wie Amsterdam oder Berlin in nichts nach.

Der Vorteil von Prag: Bei all der Vielfalt an Kneipen, Clubs und Alternativlocations ist es hier besonders günstig, auszugehen. Was mir am besten gefällt, sind die Locations, die tagsüber ein Restaurant oder eine Bar sind und zu später Stunde zum Nachtclub werden. Meist gibt es eine Treppe, die in das Kellergeschoss des Lokals führt. Dort gibt es dann nicht nur Getränke, sondern auch Tanzflächen und Musik. Man muss sich hier also nicht entscheiden, ob man in eine gemütliche Kneipe oder in einen Nachtclub geht. Man hat oft beides in einem.

Traditionelle Kneipen und Etikette

In Prag gibt es eine Vielzahl an traditionellen tschechischen Lokalen (hospoda). Möchte man wie die Einheimischen Bier trinken, macht man das am besten in einer dieser Örtlichkeiten. Möchten Sie dort Spaß haben, ohne böse oder genervte Blicke zugeworfen zu bekommen? Dann sollten Sie ein paar Verhaltensregeln beachten:

1. **Fragen Sie nach freien Plätzen und setzen Sie sich nicht einfach irgendwo dazu.** Es gilt als unhöflich, sich einfach zu anderen zu gesellen. Hat man einmal nachgefragt, ist es allerdings üblich, auch mit Fremden an einem Tisch zu sitzen.

2. **Verrücken Sie nicht einfach Tische und Stühle.** Das gilt ebenso als unhöflich.

3. **Bierdeckel vor sich legen, anstatt nach den**

Bedienungen zu winken. Falls Sie nicht von Beginn an ignoriert werden wollen, sollten Sie das beherzigen. Ein Bierdeckel auf dem Tisch genügt als Aufforderung, bedient zu werden. Heben Sie den Daumen hoch für ein Bier. Sollen es zwei sein, zeigen Sie Daumen und Zeigefinger und schon werden Ihnen zwei der gängigen Biere gebracht.

4. **Legen Sie einen Bierdeckel auf das Glas, falls Sie kein weiteres Bier mehr möchten.** Ansonsten bringt Ihnen der Kellner immer ein neues Bier, sobald das Alte fast leer ist.

5. **Zum Zahlen sagen Sie „zaplatìm".** Dann werden die Striche auf dem zu Beginn ausgehändigten Papierzettel zusammengezählt und abgerechnet.

6. **Trinkgeld rundet man üblicherweise auf die nächsten 10 Kronen auf.** Ab 200 Kronen auf die nächsten 20.

Die coolsten Cocktailbars

• *Bugsy's Bar*

Was ist das? Eine preisgekrönte Cocktailbar.

Das Besondere? Über 300 unterschiedliche und auch ausgefallene Cocktails.

Für wen? Für Cocktail-Liebhaber, die für einen guten Cocktail und ein tolles Ambiente bereit sind, etwas mehr zu zahlen als üblich.

Wo? Pařížská 10, Altstadt

- *Hemingway Bar*

Was ist das? Eine edle Cocktailbar.

Das Besondere? Tolles Ambiente und hochwertige Cocktails.

Für wen? Für Cocktail-Liebhaber mit Vorliebe für klassischen Stil.

Wo? Karoliny Světlé 26, Altstadt an der Moldau

- *Cloud 9 Sky Bar & Lounge*

Was ist das? Eine Bar im Hilton Hotel.

Das Besondere? Toller Blick über die Stadt.

Für wen? Alle, die Cocktails bei toller Aussicht genießen möchten.

Wo? Pobřežní 1, Karlín

Ein paar Ideen für Biertrinker

- *Pivovarský Klub*

Was ist das? Traditionelle Bierkneipe

Das Besondere? 6 verschiedene Biersorten vom Fass.

Für wen? Bierliebhaber und Leute, die einfach gemütlich ein Bier trinken möchten.

Wo? Křižíkova 272, Karlín

- *Zum Goldenen Tiger*

Was ist das? Traditionelle Bierkneipe

Das Besondere? Ehemaliger Präsident Havel hat hier schon mit Bill Clinton zusammen ein Bier getrunken.

Für wen? Leute, die eine echte tschechische Kneipe sehen möchten.

Wo? Husova 228/17, Altstadt

- *Zum Schwarzen Ochsen*

Was ist das? Traditionelle Bierkneipe

Das Besondere? Günstiges und gutes Bier. Vor allem das dunkle Kozel ist zu empfehlen.

Für wen? Leute, die eine echte tschechische Kneipe sehen möchten.

Wo? Loretánské nám. 107, Hradschin

- *Prager Biermuseum*

Was ist das? Lokal mit vielen Biersorten.

Das Besondere? Über 30 verschiedene Biere werden angeboten. Wer sich nicht entscheiden kann: Es gibt ein Probeangebot verschiedener Biersorten, die in kleinen Gläsern auf einem Holztablett serviert werden.

Für wen? Leute, die verschiedene Biere ausprobieren möchten.

Wo? Smetanovo nábř. 205, Altstadt bei der Karlsbrücke

Die Clubszene

In Prag gibt es eine bunte Mischung aus unterschiedlichen Nachtclubs. Wie eingangs erwähnt, mag ich besonders die Lokale, die Kneipe und Nachtclubs in einem sind. Dazu kommen in Prag etliche bekannte Nachtclubs, die weltbekannt sind und vor Junggesellenabschieden und feierwütigen Teenagern strotzen. Der bekannteste Ort, um sich unter die feierwütigen Touristen zu begeben, ist der größte Club Mitteleuropas: **Karlovy Lazne**. Die 5 Etagen mit jeweils unterschiedlicher Musikrichtungen haben schon etwas für sich, wäre der Club aufgrund seiner Bekanntheit nicht völlig überlaufen. Die hier aufgelisteten Lokalitäten zeichnen sich durch mehr Charme und ein ausgeglicheneres Publikum aus. Darin findet man auch einige Tschechen, die sich gern in alternativen Nachtclubs tummeln.

- *Roxy*

Was ist das? Innovativer Nachtclub mit Top-DJs.

Das Besondere? Besteht seit 1987 in einem ehemaligen Jugendstilkino.

Für wen? Alle, die gute Musik bei einem alternativen Ambiente haben möchten.

Wo? Dlouhá 33, Altstadt

- *Café 80's*

Was ist das? 80er-Disco und -Café in einem.

Das Besondere? Oben kann man sich unterhalten und etwas trinken. Unten mit 80er-Jahre-Flair tanzen.

Für wen? 80er-Jahre-Fans

Wo? V Kolkovně 909/6, Altstadt

- *James Dean*

Was ist das? Eigentlich eine Art American Diner. Es gibt Burger, Steaks und Co. sowie Bier und leckere Cocktails.

Das Besondere? Im Keller befinden sich mehrere Bars und Tanzflächen. Oben kann man essen, trinken und sich unterhalten. Unten wird gefeiert, bei amerikanisch angehauchter Old-School-Atmosphäre.

Für wen? Leute, die den amerikanischen 50er-Jahre-Stil lieben und sich zwischen „Gemütlich was trinken" und „Feiern gehen" nicht gleich entscheiden wollen.

Wo? V Kolkovně 922, Mitten in der Altstadt

Kuriositäten

- *BED Lounge*

Was ist das? Eine weltbekannte Cocktailbar.

Das Besondere? Sämtliche Getränke werden direkt ans Bett geliefert. Ja genau, man sitzt hier nicht auf normalen Stühlen, sondern genießt sein Getränk in weißen Betten.

Für wen? Faulpelze und Leute, die etwas Neues ausprobieren möchten.

Wo? Dlouhá 609, mitten in der Altstadt

- *ICE Pub*

Was ist das? Eine Bar komplett aus Eis gemacht.

Das Besondere? Alles, sogar dein Getränkebehälter ist aus Eis. Bitte warm anziehen!

Für wen? Schaulustige und Ausprobierer.

Wo? Novotného lávka 200, Altstadt, bei der Karlsbrücke

- *Original Beer Spa*

Was ist das? Bier-Trinken und Spa in einem.

Das Besondere? Hier kann man Bier trinken und gleichzeitig ein Bad nehmen. Bierzapfhähne neben der Badewanne machen es möglich.

Für wen? Bier- und Spaliebhaber. Außerdem für ein sehr ausgefallenes Erlebnis.

Wo? 9, Žitná 658, Neustadt.

DAS BIER

Einen Abend ohne ein kühles Bier? Unvorstellbar für die meisten Tschechen. Bier ist in der Republik das Nationalgetränk und billiger als Wasser. Tschechien besitzt eine traditionsreiche Bierkultur und Brauereien, die seit Jahrhunderten bestehen. Der Ruf als Land hoher Bierbraukunst eilt dem Land und vor allem der

Stadt Prag voraus. Touristen zieht es teilweise nach Prag, nur wegen des Biers. Doch was macht das Bier in Prag so besonders?

Zum einen schmeckt es köstlich. Egal, ob helles (světlé) oder dunkles (tmavé, černé) Bier: In Prag bekommt man überall ein gutes, frisch gezapftes Bier. Neben den großen Brauereien (Pilsner Urquell) gibt es in Tschechien vermehrt auch Mikrobrauereien und Lokale, die ihr eigenes Bier brauen. So hat es sich gerade in den traditionell tschechischen Lokalen etabliert, dass einer oder mehrere Zapfhähne für lokale Mikrobrauereien reserviert sind. So kann man neben den bekannten Biersorten auch immer die Braukunst kleinerer Bierbrauer genießen. In Prag gibt es mittlerweile schon mehr als 30 dieser kleinen Mikrobrauereien. So viel regionale und hochwertige Bierbraukunst – ein Traum für jeden Bierliebhaber.

Prag genießen – Praktische Reisetipps

WAS MAN NICHT TUN SOLLTE

• **Geldbeutel und andere Wertsachen leicht erreichbar machen.** Vor allem nahe der Touristenzentren gibt es viele Gauner. Gerade an Plätzen, wo sich viele Menschen tummeln, sollten Sie Ihre Wertsachen für andere unerreichbar verstauen und Acht geben.

• **Achtlos über Zebrastreifen laufen**. Kaum ein Autofahrer achtet hier auf überquerende Fußgänger. Am besten behandelt man einen Zebrastreifen wie einen normalen Straßenübergang. Besonders interessant:

Sogar die Tram hat vor den Fußgängern Vorfahrt.

• **Autos am Straßenrand oder auf zwielichtigen Parkplätzen parken.** Rund um Prag gibt es ein paar Autoknacker und Halunken, die gern Autos beschädigen. Bezahlte Tiefgaragen und bewachte Parkplätze sind zu empfehlen.

• **Menschen auf Deutsch anzusprechen.** Zwar verstehen viele Prager Deutsch, trotzdem wird eine deutsche Ansprache als unhöflich gewertet. Lieber auf Englisch nach dem Weg fragen. Noch besser: mit ein paar Worten Tschechisch beginnen.

• **Im Restaurant die Extrawurst haben wollen.** Mal eben statt den Knödeln lieber Pommes und die Zwiebeln weglassen? Eher schwierig und unbeliebt bei den Tschechen.

• **Zur Mittagszeit und am Wochenende die Karlsbrücke überqueren.** Es sei denn, Sie lieben Menschengedränge.

ALLGEMEINE TIPPS

Reisezeit und Reiseplanung

Sie planen, Prag im Mai oder Juni zu besuchen? Dann haben Sie sich für die Hochsaison entschieden. In dieser Zeit blüht alles in Prag und gerade die Parks sehen märchenhaft aus. Die Sache hat nur einen Haken: Zu dieser Zeit sind die meisten Touristen in der Stadt. Gefühlt die halbe Welt möchte Prag zur schönsten Zeit im Jahr sehen. Auch im Juli und August sind noch sehr viele Touristen in der Stadt und es kann zudem recht heiß werden. Bei 30 Grad im Schatten können es dann mal gern gefühlte 40 auf dem Kopfsteinpflaster der Altstadt sein.

Ich empfehle, im April oder Oktober anzureisen. In diesen Monaten kann das Wetter auch sehr schön und angenehm sein. Der Touristenansturm ist dann nicht ganz so stark zu spüren. Außerdem lohnt sich ein Besuch des Prager Winters für alle Romantiker unter Ihnen!

Falls Sie Ihre Reise für die Hochsaison geplant haben, sollten Sie bestimmte Dinge schon im Voraus erledigen. Etwa drei bis vier Monate im Voraus sollten schon Unterkünfte gebucht werden. Auch für Restaurants gilt: Lieber frühzeitig reservieren, um nicht leer auszugehen. Dies gilt vor allem für die Spitzenrestaurants in Prag, die sogar einen Monat im Voraus gebucht werden sollten. Auch Führungen sollten zumindest ein paar Tage vor der Reise angefragt werden.

Ein bisschen Tschechisch

Mit der tschechischen Sprache Pluspunkte bei den Einheimischen sammeln, klappt ganz gut. An vielen Ecken werden Sie auf Menschen treffen, die kaum Englisch oder Deutsch sprechen. Sei es, weil ein Wirt der beiden Sprachen nicht mächtig ist oder er einfach keine Lust hat, sich mit Touristen zu unterhalten.

Für diese Fälle ist es sehr nützlich, zumindest ein paar Wörter und kurze Sätze zu beherrschen. Keine Sorge, niemand erwartet von Ihnen, sich fließend auf Tschechisch mit einem Kneipenwirt unterhalten zu können. Dobrý den, Děkuji oder Zaplatíme sollten aber drin sein und verschaffen Ihnen Respekt und Gehör!

Guten Tag	*Dobrý den!*
Hallo/ Tschüss	*Ahoj!*
Danke	*Děkuji!*
Bitte!	*Prosím!*
Entschuldigung!	*Promiňte*
Ja	*Ano*
Ich heiße...	*Jmenuji se ...*
Nein	*Ne*
Prost!	*Na zdraví!*
Zahlen bitte!	*Zaplatíme!*

Möchten Sie die tschechische Sprache etwas detaillierter lernen, empfehle ich Ihnen, sich eines der zahlreich vorhandenen Wörterbücher anzuschaffen. Mein Tipp: das visuelle Wörterbuch von coventgarden.

Unterwegs in Prag

Prag hat ein sehr gut ausgebautes öffentliches Verkehrsnetz. Mit **Tram**, **U-Bahn** oder dem **Bus** kommt man nahezu überallhin. Auch Taxis gibt es an jeder Ecke. Sie sind aber vergleichsweise teuer. Es empfiehlt sich, hauptsächlich die Tram und U-Bahn zu benutzen. Taxi und Bus können in der Innenstadt nur eingeschränkte Wege fahren.

Es gibt Fahrkarten, die für alle öffentlichen Verkehrsmittel (Tram, U-Bahn, Bus) gültig sind. Man bekommt **30-Minuten-** (24 CZK/ 0,90 €), **90-Minuten** (32 CZK/ 1,30 €) und **24-Stunden** Tickets (110 CZK/ 4,50 €). Für Kinder zwischen 6 und 15 Jahren sind die Tickets jeweils halb so teuer. Für Kinder unter 6 Jahren ist die Fahrt kostenlos.

Zu kaufen gibt es die Tickets an Automaten in den U-Bahnstationen und an manchen Tram-Haltestellen. Besonders praktisch: Seit dem Jahr 2019 gibt es auch in jeder Tram einen Automaten. Sie können dort also ohne Ticket einsteigen und sich während der Fahrt eines ziehen. Wichtig ist noch zu wissen, dass es sich bei den Fahrkarten um reine Zeitkarten handelt. Sie dürfen so viel umsteigen, wie sie wollen. Achten Sie nur darauf, innerhalb der angegebenen Zeit zu fahren.

Was die Altstadt und die sonstigen großen Sehenswürdigkeiten angeht: Sie sind meist gut zu Fuß zu erreichen. Falls Sie also gern laufen und fit sind, empfehle ich Ihnen, die Stadt zu Fuß zu erkunden. So lernt man Prag am besten kennen.

UNTERKUNFT

Städtereisende lieben Prag. Für Sie gibt es ein riesiges Angebot an Unterkünften. Ob Hostel, Hotel oder eine Ferienwohnung: Alles ist dabei. Von günstigen Unterkünften mit Mindestausstattung bis zum 5-Sterne-Luxushotel mit Pool. Am häufigsten gibt es die Mittelklasse-Unterkünfte, da diese von den meisten Reisenden bevorzugt werden. Wie bei den Restaurants gilt auch hier: Je weiter vom Zentrum entfernt, desto günstiger. Es kommt wieder auf Sie an.

Möchten Sie lieber etwas mehr für ein schickes Hotel in Zentrumsnähe ausgeben oder reicht Ihnen eine günstige oder mittelklassige Unterkunft in einem der äußeren Stadtteile? Hier ein paar Infos und Vorschläge für Unterkünfte nach Stadtteil. (Die Vorschläge ergeben sich aus einer Analyse von Kundenbewertungen und Online-Empfehlungen der entsprechenden Unterkünfte. Die Zahlen entsprechen den aktuellen Google-Bewertungen. Je mehr €-Zeichen, desto teurer die Preisklasse)

	Pro	Contra
Altstadt	Zentral gelegen. Unterkünfte oft in historischen Gebäuden	Teuer und laute bzw. volle Gegend
The RoadHouse / 4,9 / € Hotel Josef / 4,6 / €€ Dominican Hotel / 4,5 / €€€		
Kleinseite	Schöne Wohngegend. Zentral gelegen und nicht komplett überfüllt	Teuer und müssen weit im Voraus gebucht werden
Adam & Eva Hostel / 4,5 / € Lokal Inn / 4,6 / €€ Hotel Aria / 4,8 / €€€		
Hradschin, Prager Burg	Nahe der Prager Burg. Eher ruhig	Wenig Restaurants und Lokale

Hostel Santini / 4,3 / € Hotel Monastery / 4,7 / €€		
Neustadt	Nahe Hauptbahnhof. Zentral mit vielen Ausgehmöglichkeiten	Voll und laut: vor allem nachts
Fusion Hotel / 4,3 / € Mosaic House / 4,5 / €€ The Icon / 4,6 / €€€		
Vinohrady & Vršovice	Viele gute Restaurants und Bars und relativ günstig	Wenig Sehenswürdigkeiten. Weit vom Zentrum entfernt
Czech Inn / 4,5 / € Hotel Anna / 4,4 / €€ Louren Hotel / 4,5 / €€€		
Žižkov & Karlín	Günstig. Gute Anbindung zum Zentrum. Tolle Lokale	Etwas heruntergekommen mancherorts. Laute Straßen
Hostel Elf / 4,4 / € Hotel Alwyn / 4,5 / €€		

PRAG UND GELD

Ist Prag eine teure Stadt? Die einen sagen Ja, die anderen Nein. Nun, es kommt etwas darauf an, mit welchen Städten man Prag vergleicht und wofür man Geld ausgibt. Im Internet kursieren zahlreiche Preisindizes, anhand derer Städte in ein Preisranking eingeordnet werden. Leider spucken unterschiedliche Preisindizes auch ganz unterschiedliche Rankings aus. Sie sind für einen Urlauber eher unbrauchbar, da die Einschätzungen auf bestimmte Preise von einzelnen Aktivitäten und spezifischen Eintrittspreisen beruhen. Wenn man aber andere Aktivitäten bevorzugt und sich in einem anderen Stadtteil aufhält als der „Durchschnittsurlauber", kommen ganz andere Preise zustande. Für eine Landeshauptstadt und eines der beliebtesten Reiseziele in Europa sage ich insgesamt: Prag ist relativ günstig, dafür, was einem geboten wird.

Teuer:

• Restaurants und Unterkünfte im Stadtzentrum und in der Nähe bekannter Sehenswürdigkeiten

• Aufenthalt während der Hochsaison im Frühling und Sommer

• Eintrittspreise für die berühmten Sehenswürdigkeiten

• Luxusgüter wie Elektrogeräte, Mode oder Kosmetik

Günstig:

• Restaurants und Unterkünfte außerhalb des Zentrums (Je weiter vom Stadtzentrum entfernt, desto günstiger)

- Aufenthalt in der Nebensaison
- Bier und Zigaretten
- Generell Lebensmittel und Getränke
- Öffentlicher Verkehr

Beispielpreise für das Jahr 2020

- **Lebensmittel** (Durchschnittspreise) (ca. 11 % günstiger als in DE): Milch: 0,8 €/l, Äpfel: 1,30 €/kg, Brot: 1 €/kg, Kartoffeln: 1 €/kg

- **Restaurantbesuch** (ca. 33 % günstiger als in DE): Abendessen pro Person inklusive Bier: 7–12 €, Mittagessen in einer Kneipe: 5–7 €, Bier: 1–3 €, 1 Liter Wasserflasche: 0,6–1,6 €

- **Unterkunft** (Durchschnittspreise) (Ca. 13 % günstiger als in DE):
Hotel pro Nacht: 1-Stern: 60 €, 2/3-Sterne: 70 €, 4-Sterne: 130 €, 5-Sterne: 200 €
Hostel/ Jugendherberge: 55 €/ Monat

- **Öffentlicher Verkehr** (ca. 34 % günstiger als in DE): Taxi: 1,10 €/km, 30-Minuten Ticket: 0,90 €, 24-Stundenticket öffentlicher Nahverkehr: 4,50 €

- **Sonstiges** (Durchschnittspreise): Kino: 8 €/Platz, Zigaretten: 4 €/Schachtel

Tipps für den kleinen Geldbeutel

1. Tipp: **Prag im Winter erleben**

Im Winter sind vor allem die Preise für Unterkünfte deutlich geringer. Außerdem sind die besten und preiswerten Unterkünfte weniger ausgebucht. Zwar ist alles ein bisschen weniger grün im Winter, dafür ist es gerade im Zentrum nicht so überfüllt wie sonst.

2. Tipp: **In einem der äußeren Stadtteile übernachten und essen**

Da die Unterkünfte im Zentrum deutlich teurer sind, lohnt es sich, etwas außerhalb zu nächtigen. Mit den öffentlichen Verkehrsmitteln ist man trotzdem schnell bei den Hauptattraktionen. Wenn Sie zusätzlich Ihre Restaurantbesuche auf die Außenviertel verlegen, sparen Sie noch mehr! Die Außenviertel sind nicht so bekannt, können aber gerade an der Moldau gelegen ihren ganz eigenen Charme haben.

3. Tipp: **Zu Fuß durch die Stadt schlendern**

Sind Sie einmal in der Nähe des Zentrums angekommen, können Sie viele der Sehenswürdigkeiten zu Fuß erkunden. Dafür eignen sich gerade die Altstadt und Kleinseite. Damit sparen Sie sich das Geld für den öffentlichen Verkehr oder für einen Mietwagen.

4. Tipp: **Die kostenlosen Möglichkeiten ausnutzen**

Vieles in Prag lässt sich auch ohne Kronen genießen.

Beispiele: Karlsbrücke, westlicher Eingang des Veitsdoms, Wachablösung vor der Prager Burg, Schauspiel
der astronomischen Uhr, die meisten Prager Kirchen,
öffentliche Parks, kostenlose Museen und vieles mehr.

Welches Budget muss ich für meine Reise einplanen?

Schwer zu sagen. Je nachdem, wie man seine Reise ver-
bringt. Hier ein paar Richtwerte.

• **Wochenendtrip 3 Tage** (Durchschnittswerte inklusive Unterkunft, Mahlzeiten, Transport und Aktivitäten)

Niedrige Preisklasse: **200 €** für 2 Personen

Mittlere Preisklasse: **425 €** für 2 Personen

Hohe Preisklasse: **680 €** für 2 Personen

• **Tagesbudget**

Sparfuchs: **30–70 €** (Hostel, Selbstverpflegung unterwegs, keine oder wenige Eintrittspreise inklusive)

Durchschnitt: **70–170 €** (3-Sterne-Hotel, Essen im Restaurant, Eintrittspreise für ein paar
Sehenswürdigkeiten inklusive)

Teuer: **Über 170 €** (Luxushotel, mehr-gängiges Menü
im Restaurant, alle Sehenswürdigkeiten + Stadtfüh-
rung)

Währung und Geld

Die in Tschechien und Prag gültige Währung ist die Tschechische Krone. Mit dem Euro kann teilweise trotzdem gezahlt werden. Dies gilt vor allem in nobleren Verkaufsläden und in den touristischen Zentren.

Zu empfehlen ist es nicht, mit dem Euro als Zahlungsmittel in Prag unterwegs zu sein. Die Verkäufer können einen eigenen Wechselkurs festlegen und so ist es meist günstiger, mit den tschechischen Kronen zu bezahlen. Der aktuelle **Wechselkurs für einen Euro** beträgt (Stand 26.03.2020) ca. **27,24 CZK** (Tschechische Kronen). 10 Euro entsprechen demnach etwa 272 und 100 Euro entsprechen 2724 Kronen.

Geldautomaten

Um sich mit der tschechischen Währung auszustatten, empfehle ich Ihnen, dies einfach an den überall in Prag vorhandenen Geldautomaten zu tun. Man kann auch schon vor seiner Reise bei der Bank Euros in Kronen umtauschen, die dabei anfallenden Gebühren können aber recht hoch sein. Am Geldautomaten müssen Sie nur geringe Gebühren und bei Partnerbanken oder Banken der gleichen Gruppe manchmal gar keine Gebühren bezahlen. Sie können sowohl mit Ihrer normalen Geldkarte als auch mit Ihrer Kreditkarte Geld abheben. Achtung: An den Geldautomaten werden Sie oft danach gefragt, ob die Geldabhebung mit oder ohne Umrechnung erfolgen soll. Wählen Sie bitte immer „ohne Umrechnung", dann wird der offizielle Umrechnungskurs zugrunde gelegt und nicht ein bedeutend schlechterer – klassische Touristenfalle!

Banken und Wechselstuben

Bitte machen Sie nicht den Fehler und lassen sich in einer Wechselstube abzocken. Oft werben die zwielichtigen Läden mit den besten Wechselkursen aller Zeiten – sie sind es natürlich nicht! Falls Sie doch einmal Geld wechseln möchten, tun Sie das am besten bei einer der tschechischen Banken. Dort wird lediglich eine kleine Kommission in Form von 2,3 Prozent verlangt.

Schlusswort

Prag ist magisch, gewaltig und vielseitig. Wer durch die engen Gassen der Altstadt läuft, kann die unverwechselbare Magie der Stadt fühlen. Wer vor dem Veitsdom oder auf der Karlsbrücke steht, spürt die Gewalt der seit Jahrhunderten bestehenden Bauten. Prag ist aber nicht nur etwas für Architekturliebhaber und Geschichts-Romantiker. Nachts treffen sich hier Leute aus aller Welt und machen Prag zu einer der lebendigsten Großstädte bei Nacht.

Ein Reiseführer kann Ihnen nicht alles Wissenswerte über Prag vermitteln. Dafür gibt die Stadt viel zu viel her. Etliche schöne Ecken, die zu entdecken sind,

Restaurants und Bars für jeden Geschmack und fast hinter jedem Stein und unter jeder Kuppel versteckt sich eine Geschichte, die Jahrhunderte bis Jahrtausende in die Vergangenheit zurückführt. Deswegen empfehle ich Ihnen, vor Ort auf Entdeckungstour zu gehen und sich von Prag selbst alles erzählen zu lassen.

Für weiterführende Informationen kann ich Ihnen vor allem die Internetseiten **prague.eu** sowie **prag.sehenswuerdigkeiten-online.de** empfehlen. Dort finden Sie auch Informationen zu aktuellen Eintrittspreisen der bekanntesten Sehenswürdigkeiten. Ich wünsche Ihnen eine tolle Reise und viel Spaß beim Erkunden der Stadt!

Herstellung und Verlag:

BoD – Books on Demand, Norderstedt

ISBN: 9783756206940

© Amelie Paltz 2022

1. Auflage

Kontakt: Psiana eCom UG/ Berumer Str. 44/ 26844 Jemgum

Covergestaltung: Fenna Larsson

Coverfoto: depositphotos.com